A PROPOS

DE

SAINT LABRE

ÉTUDE PHILOSOPHIQUE

MORALE & SOCIALE

MOULINS

IMPRIMERIE FUDEZ FRÈRES

RUE DU VERT-GALANT

1869

A PROPOS
DE
SAINT LABRE

ÉTUDE PHILOSOPHIQUE
MORALE ET SOCIALE

Chercher le bonheur est et doit être le but constant de tous les hommes. La nature les sollicite sans cesse à cette recherche.

Elle y sollicite *peut-être* tous ses règnes, toute la matière créée, organisée ou non organisée. Et qui pourrait affirmer et prouver le contraire ?

Qui pourrait affirmer et prouver que le végétal aquatique n'est pas plus *heureux* — nous osons nous servir de ce mot, car nous n'en connaissons pas d'autre pour mieux rendre notre pensée — n'est pas plus heureux, disons-nous, dans l'eau, son élément, que sur un sol aride et brûlant ?

Qui pourrait affirmer et prouver que les métaux et les minéraux qui sont sur la terre ou dans son sein, n'y sont pas dans des conditions plus ou moins propres à leur *bien-être* que quand ils sont ou extraits ou fusionnés, selon leur nature?

Qui pourrait affirmer et prouver que les fluides, les matières qui sont dans l'espace et qui, par suite d'agrégation, de condensation, forment les orages, les tonnerres, sont *insensibles*? Ces orages, ces tonnerres ne prouveraient-ils pas le contraire? En effet, n'est-ce pas une *lutte* qu'il y a alors, et quand il y a lutte, y a-t-il insensibilité?...

Mais n'étendons pas davantage ces hypothèses, beaucoup trop étendues déjà, et que le plus grand nombre de nos lecteurs, sinon tous, nous le craignons, trouveront probablement fort hasardées et peut-être fort déplacées. Continuons.

Tous cherchent sans cesse à être heureux. Quelques-uns y parviennent parfois quelque peu; beaucoup n'y parviennent jamais.

Une foule de circonstances s'y opposent. Ou l'on s'abuse sur les moyens, ou l'on est empêché de se les procurer. Pour les uns, la cause en est dans le défaut de fortune ; pour les autres, dans la maladie ; pour les autres encore, et dans la maladie et dans le défaut de fortune tout ensemble.

Les passions non satisfaites ; les sentiments froissés, blessés, étouffés ; la privation de se servir de sens parfaitement organisés ou l'abus d'en user, sont autant de causes qui s'opposent à notre bonheur. Le progrès, la civilisation en agrandissant notre raison, en perfectionnant nos mœurs et nos lois, nous en feront mieux connaître et nous en faciliteront davantage les moyens. Nous le croyons fermement.

Le bonheur pour les uns n'est pas le bonheur pour les autres.

Ainsi, un sauvage des bords du Mississipi éprouvera le bonheur le plus grand qu'il puisse éprouver en faisant son ennemi prisonnier à la guerre, en le scalpant, en l'injuriant et en le frappant à l'arbre où il l'a lié, en voyant ses souffrances, en le faisant rôtir, en le mangeant.

Ce sauvage sera heureux, aura l'âme, non-seulement en repos, mais en grande joie, s'il jette quelques exclamations d'admiration au soleil levant ou couchant, son grand Dieu ; s'il prie un oiseau, un reptile, un arbre, une pierre, ou tout autre *manitou*.

Le chrétien, lui, — pour nous en tenir à cette seule comparaison, — le vrai chrétien ne saurait accomplir de semblables actes qui l'éloigneraient le plus possible du bonheur. Il le trouve dans des actes extrêmement contraires à ceux de ce sauvage. Il n'a point d'ennemis ; il peut être celui d'un autre, mais un autre ne peut jamais être le sien. Loin de se venger de celui dont il est l'ennemi, de l'injurier, de le frapper, de le faire rôtir et de le manger, il l'aimera, le protégera, priera et souffrira pour lui.

Le tempérament et l'éducation leur ont donné des notions tout à fait différentes sur le bien et le mal, le bon et le beau. Ce qui pénètre d'une grande joie l'âme de l'un jette l'âme de l'autre dans la plus grande affliction, la plus grande horreur !

Il est de jeunes filles qui rougissent et

souffrent en voyant un acte honteux, en entendant un propos obscène ou ordurier. Il en est d'autres, au contraire, qui sont fières et heureuses de paroles et d'actions de la plus grande obscénité.

Suivant certains, le bonheur ne se peut goûter *ici-bas*; il ne réside que là-haut, au ciel, dans le Paradis, un lieu de délices où *Dieu* ne donne accès qu'à ses élus, ceux qui ont observé ses commandements, sa loi enseignée dans les livres saints, expliquée par les prêtres. Ils disent que leur Dieu étant né pauvre, ayant aimé et enseigné la pauvreté, et souffert des outrages, des humiliations, la mort même pour effacer la tache originelle et racheter nos péchés, il faut, pour lui être agréable et monter au ciel, souffrir comme lui des outrages, des humiliations; prier sans cesse, sans cesse s'occuper de lui à l'exclusion de tous et de tout; se macérer le corps, jeûner, souffrir toujours pour lui.

Une semblable croyance est tout à fait contraire à la raison, au plus simple bon sens même; elle est anti-sociale au premier chef, elle est condamnable et serait punissable si quelque croyance que ce soit pouvait être jamais punissable.

Un sujet entre mille, Benoît-Joseph Labre, va nous permettre d'examiner et de prouver le danger pour l'individu et pour la Société d'une croyance aussi fausse, aussi absurde.

Cet insensé, fils aîné d'un pauvre cultivateur du petit bourg d'Amettes (Artois), où il naquit le vingt-six mars 1748, crut, pour *éviter l'enfer* et *gagner le ciel*, devoir mener la vie que nous allons raconter à grands traits.

Faible, mélancolique, exalté, il eut le malheur de recevoir une éducation qui s'accommoda trop bien avec son tempérament et le conduisit à la folie à laquelle il était prédisposé, mais que, probablement, il aurait évité en apprenant à fortifier sa faiblesse, à agrandir sa raison, à être un homme en un mot.

La piété lui fut inoculée dès ses jeunes ans par son père et sa mère. Un curé de campagne, son parent, entreprit de lui apprendre le latin et autres belles choses pour le préparer au sacerdoce auquel il avait de grandes dispositions.

Que ne lui fit-il apprendre plutôt un métier,

il ne put mettre cette belle résolution à exécution. Refusé à la Chartreuse du Val de Sainte-Adegonde pour son jeune âge, ajourné à la Chartreuse de Neuville pour son ignorance du chant et de la dialectique, éconduit à la Trappe de Mortagne pour sa faiblesse et son jeune âge, il ne put que passer huit mois environ au couvent de Sept-Fons d'où sa piété exagérée, sa monomanie le firent congédier.

Il partit de Sept-Fons en juillet 1770, et depuis cette époque jusqu'à sa mort arrivée à Rome le seize avril 1783, il erra en France, en Italie, en Espagne, en Allemagne, en Suisse ; puis encore en France et en Italie ; ramassant sa nourriture dans le ruisseau, priant sans cesse, couvert de haillons et de vermine, et se complaisant dans la malpropreté la plus dégoûtante.

Suivant le procès informatif sur la *Sainteté de sa vie, ses miracles et ses vertus*; suivant le procès apostolique pour arriver à sa *béatification*; et suivant ses historiens, notamment un Père Desnoyers, il résulte :

Qu'il ne *changeait ses bas, son chapeau,*

celui de menuisier ou de serrurier, par exemple? il lui aurait rendu un bien plus grand service. Un travail corporel aurait dissipé les humeurs noires de ce pauvre garçon et abaissé son imagination exaltée ; il aurait pu devenir un bon et utile citoyen, et non un être malheureux, ridicule, et, nous pouvons le dire, nuisible comme il le fut.

D'un esprit trop faible, trop paresseux pour apprendre quoi que ce soit d'un peu positif; incapable de la moindre contention, il laissa vagabonder son pauvre cerveau dans les rêveries religieuses. Il passait son temps à prier ou à lire l'Ecriture sainte, l'Imitation, la Vie des Saints, les œuvres d'un certain Louis de Grenade et les sermons d'un Père Lejeune. Aussi ne tarda-t-il pas à être dégoûté de tout, et dès l'âge de quinze ans, environ, il voulut se *retirer du monde*, s'enfermer dans un monastère pour toujours.

A quinze ans! à ce bel âge, se retirer du monde qu'on n'a vu que dans sa campagne, qu'on ne connaît pas du tout ! c'est de la folie ! Dès l'âge de quinze ans, Labre était fou.

Malgré son ardent désir et tous ses effort

son habit, que lorsqu'il ne lui était plus possible de les mettre, et que pour les remplacer il ne voulait que des objets usés ;

Que, malgré les sollicitations pressantes et réitérées de personnes qui pouvaient avoir de l'influence sur son esprit, *il ne voulut jamais quitter ses haillons pour se vêtir moins misérablement;* que ce n'était qu'après les plus vives instances *qu'on parvenait à le faire consentir à accepter une pièce pour remplacer ce qui tombait en lambeaux, et qu'il n'abandonnait ses haillons* que quand la pudeur l'obligeait à les poser ;

Qu'un jour, ayant reçu un chapeau qu'il trouvait trop neuf, il y fit plusieurs trous pour le rendre ridicule ;

Qu'une écuelle de bois, qui pendait ordinairement à son côté, largement ébréchée par hasard ou à dessein, était fêlée par le milieu et recousue de trois points de fils de fer, comme pour donner passage au liquide;

Qu'il trouvait ses moyens de nourriture à la ville, en ramassant les pelures des fruits et toute espèce de rebuts, parmi les ordures et sur le fumier; à la campagne, dans les fruits des haies, les herbes et les racines des chemins ;

Qu'il voyagea la plus grande partie de sa vie, par tous les temps, à pied, sans chaussures ; fuyant les villes et les hommes, recherchant les solitudes ;

Qu'il recevait la charité ;

Qu'il redoutait l'Enfer et désirait le Paradis ;

Qu'il recherchait les moqueries, les injures, les outrages et les mauvais traitements.

Telle est, en résumé, la vie de Benoît-Joseph Labre.

Pour certaines personnes, cette vie est édifiante, exemplaire ; pour les personnes sensées elle est, comme nous l'avons déjà dit, méprisable, condamnable.

Est-il nécessaire de le démontrer ? Oui, car toute croyance, toute opinion, quelque fausse et absurde qu'elle soit, doit être accusée et convaincue de fausseté, d'absurdité, si on ne veut la voir professée, admise, partagée par les sots, les stupides, les intéressés, toujours en grand nombre, qui ne savent, ne peuvent ou ne veulent raisonner.

Nous avons accusé, nous allons convaincre.

La nature a donné à l'homme des sens et des passions d'où découlent pour lui les sources du plaisir ou de la peine, du bonheur ou du malheur, selon l'usage modéré ou immodéré qu'il en fait.

Elle lui a donné également diverses facultés, entre autres, celle de discerner le bien du mal, le vrai du faux, l'utile du nuisible, c'est la raison; et celle de se former, se créer, s'inventer les choses les plus extraordinaires, les plus impossibles; de voir et d'entendre ce qui n'existe pas, ne peut exister, c'est l'imagination.

Si la raison ne les guide, ne les maîtrise, ne leur impose des bornes, les passions rendent l'homme malheureux, misérable.

L'imagination est une grande et belle faculté, mais ses produits ne doivent se mêler aux spéculations positives que dans de fort justes limites, sous peine de les rendre malsaines et nuisibles. Non maîtrisée, guidée et bornée par la raison, elle est la monomanie, la folie.

Nos yeux sont flattés, réjouis, charmés par un beau ciel, un beau site, de beaux objets, comme sont flattés, réjouis, charmés notre ouïe, notre odorat, notre toucher, notre goût, par de beaux corps, des mets exquis et succulents.

Des tableaux laids, dégoûtants, cruels, affreux ; des sons discordants ou trop bruyants, des corps ou trop chauds ou trop froids, sales, hideux ; des odeurs et des substances désagréables et malsaines, attristent, affectent, blessent notre vue, notre ouïe, notre odorat, notre toucher, notre goût.

Procurons à nos sens tous les plaisirs, toutes les satisfactions dont ils sont susceptibles, et ce, sous le seul contrôle de la raison, qui nous en indiquera le mode et nous en déterminera la proportion, afin qu'ils ne s'émoussent ou ne se blâsent, ne nous soient nuisibles ou ne nuisent aux autres. Voilà la sagesse !

Volontairement et à dessein, Labre s'est efforcé de fuir toutes les belles et bonnes choses qui pouvaient embellir son existence. Non-seulement il a privé ses sens, mais encore il les a torturés.

Nous connaissons déjà et suffisamment la cause déterminante d'une conduite aussi contraire aux lois qui régissent notre individu. Nous n'en parlerons donc pas davantage. Passons.

Labre a parfaitement atteint le but auquel il tendait *ici-bas* : le malheur. A-t-il atteint aussi bien celui auquel il visait *là-haut* : le bonheur? Non.

Pour répondre affirmativement, il faudrait admettre que le mal est le bien, le mauvais le bon; que l'absurde est le vrai ; que le laid et l'ignoble sont le beau et le grand.

Il faudrait condamner la justice, les sciences, les arts, l'industrie, le commerce, le progrès.

Non ! non ! mille fois non ! disons-nous avec la plus grande énergie, Labre n'a pu gagner ainsi le Paradis, si Paradis il y a . . . . . .

Avec cette doctrine de la fainéantise, de la malpropreté, de l'isolement, du célibat, de l'humiliation, de l'amour des injures, des moqueries, des outrages et des mauvais traitements, point n'est besoin :

D'orfèvres, de bijoutiers, de joailliers ;

De fabricants de soieries, de dentelles, de nouveautés ;

De parfumeurs, de fabricants de glaces ;

De pâtissiers, de confiseurs, de liquoristes;

De vignerons, de tonneliers, de marchands de vins ;

De cuisiniers, de marchands de toute espèce de comestibles ;

De tailleurs, de cordonniers, de menuisiers, etc., etc.

Avec cette abominable doctrine, point de gaîté, de rires, de chansons, d'amusements, de jeux, d'inventions, de modes ;

Point d'émulation, point de famille, point de société.

Rien, rien, rien que l'ignorance, la dégradation, la crasse, l'ordure, l'absurdité, l'abêtissement, l'abrutissement, les plus abjects, les plus révoltants!...

Notre bile s'échauffe, notre sang bouillonne en songeant aux conséquences d'une semblable doctrine.

Supporter les moqueries, les injures, les outrages et les mauvais traitements est d'un lâche; les rechercher est d'un insensé.

Comment! un polisson viendrait se moquer de moi, et au lieu de lui infliger une correction, il me faudrait en être joyeux?

Comment! un gredin, un bandit, m'outragerait, outragerait les miens, ceux qui me sont chers, et je m'en réjouirais?

Après avoir reçu un coup de gourdin sur l'épaule droite, j'irais avec empressement tendre l'épaule gauche pour en recevoir autant?

Il me faudra être content et satisfait quand, en m'injuriant, on me crachera au visage?

Je verrais violer ma femme, ma fille, ma mère, ma sœur, et loin d'y mettre empêchement, loin de tuer le misérable qui commettrait cet acte infâme, loin de lui arracher les entrailles, de lui dévorer le cœur, il me faudrait être dans une grande joie?...

Ah! l'indignation, la fureur nous transportent en pensant qu'on ose, au nom de la vertu et de la sagesse, prêcher l'exemple de toutes ces saletés, de toutes ces vilenies, de tous ces vices, de tous ces crimes.............

Sous l'impression de cette indignation, de cette fureur, nous avons résolu, — entraîné par la conviction, que cela était nécessaire, indispensable, urgent même, — de protester énergiquement contre la doctrine dont il s'agit. Et cette protestation nous la faisons au nom de la vertu et de la sagesse outragées, au nom de l'humanité méconnue, ravalée, avilie!...

DUVERBOIS.

www.ingramcontent.com/pod-product-compliance
Lightning Source LLC
Chambersburg PA
CBHW060928050426
42453CB00010B/1891